AF315952

I

REPONSE

D'UN CONSELLIER FAITE
au nom des Catoliques du Diocéfe de....
*A Monfieur l'Abbé de *** pour juftifier*
leur feparation de communion , d'avec leur
Evêque & autres communicateurs des Here-
tiques ou Schifmatiques notoires.

Ermettez-moi , Monfieur, de vous dire, que quelque refpect que j'aye pour vous, & quelque eftime que je faffe de vôtre erudition , vous ne me ferez jamais changer de fentiment au fujet de l'unité de la communion de l'Eglife, & de fon intolerance envers ceux qui en font les ennemis declarez. Vous voulez, qu'il foit permis aux Fideles & fur tout à Nôtre Prélat, de communiquer, *in divinis*, avec les Hérétiques notoires & opiniatres ; & moy je foûtiens, que c'eft un crime capital : que le communicateur encourt les mêmes peines , les mêmes cenfures & les mêmes anathêmes que l'Hérétique , & qu'il eft parconfequent schifmatique & anathematifé de droit divin & même naturel. Vous n'avés pour vôtre opinion , ni ufages de l'Eglife Romaine , ni paffages de l'Ecriture, ni textes des Saints Peres , ni aucun Theologien de marque , ni Brefs , ni Bulles , ni Decrets , ni décifions ; mais j'ay de mon côté en foule tout cela.

J'ay encore par raport aux ennemis de la Bulle *Unigenitus*, les Lettres Apoftolique, *Paftoralis Officii*, de Clement XI. Les Brefs d'Innocent

XIII. autres Brefs de Benoît XIII. & plusieurs de ses declarations qui deffendent la communion avec ces Hérétiques qui manifestent à tout l'univers, qu'ils ne sont plus enfans de l'Eglise Romaine, & qu'ils s'en sont eux-même separez par leur rebellion. Voilà déja plus qu'il ne faut pour m'affermir jusqu'à l'effusion de mon sang dans mon sentiment; & tandis que vous ne detruirés pas ces principes & ces autoritez? pourrois je en sureté de conscience adhere au vôtre. On vous a raporté mot pour mot ces Brefs, ces Bulles, ces Decrets, ces décisions formelles des Papes, des Conciles, & de toute l'Eglise; & vous ne daignez pas y faire attention, ni repliquer un seul mot. Vous vous contentez de m'alleguer certaines raisons vagues & qui ne disent rien, sans repondre a aucune de mes preuves. Toutes vagues pourtant que soient ces raisons, je vais y repondre sans en laisser aucune: aux vôtres, dis-je, & à celles de quelques autres qui m'ont écrit de la même maniere que vous sur ce sujet.

Ce n'est point à des Laïques, dites vous, Monsieur, & à des inferieurs de Juger de la foi de leur Evêque, tant qu'il ny en a aucun qui s'en plaigne & s'éleve contre lui par raport à la conduite de son troupeau.

Concil. d'Eph. Calced.2. de Nic. Constant. Constance T.4.conc. p.1183. 1318.

Cela est vray, lorsque l'Eglise n'a pas encore decidé. Mais l'Eglise n'a-t-elle pas decidé: qu'elle est une dans sa communion aussi bien que dans sa foi? n'a-t-elle pas déclaré cent & cent fois, que tous les communicateurs des Heretiques ou schismatiques étoient anathematisez? ne les a-t-elle pas condamnés par le même Jugement, aux mêmes peines, aux-mêmes censures &c.? Ne les a-t-elle pas regardez comme entierement separez de sa

communion & privez de toutes ses graces, & même de toute jurisdiction ? n'a-t-elle pas tenu cette
conduite, depuis sa naissance jusqu'à ces malheu- Paul. 4.
reux tems. Vous ne sçauriez, Monsieur, discon- & Pie 5.
venir de cette verité : elle est trop repanduë dans
les Textes des sacrez Canons & des Conciles ;
& vous êtes trop de bonne foi pour entreprendre
de me la disputer.

Nôtre Evêque communique publiquement avec
les Apellans & reappellans : donc il encourt les
mêmes peines, les mêmes censures & anathemes
que ces heretiques. Que repondrez vous à ce
raisonnement : que nôtre Evêque a un Privilege
particulier de tenir cette conduite ? de qui la tient-
il, & de qui peut-il l'avoir. Ce n'est pas directement de Dieu : vous en devez convenir. Ce n'est
pas du Saint Siege : le Saint Siege, dit le Saint
Pape Gelase, ne peut pas le donner. L'unité de
la communion, dit ce grand Pape, est de l'es- T. 4. conc.
sence de l'Eglise. C'est ce qu'ont enseigné tous les p. 1158.
Saints Peres & tous nos Docteurs François, les Repl. du
plus fameux. Et si elle est de l'essence de l'Eglise ? Par.
Quelle est la puissance qui puisse en dispenser. Ce
n'est donc pas moy qui juge de la foi de nôtre
Evêque ; c'est l'Eglise qui en a jugé, en condamnant le communicateur, comme l'hérétique même.
Mais *personne ne s'en plaint*, dites vous, per-
mettez moy de vous dire, que tous les bons Catoliques qui le sçavent, s'en plaignent : à Rome,
en Italie, en Espagne, en France & à Paris même. En un mot, ils disent tous hautement, que
ce Prélat a violé & viole encore actuellement
les Decrets de l'Eglise, ses Canons, sa Doctrine,
ses décisions, & les Loix de Dieu même, qui
defend en cent endroits de ses Divines Ecritures

la communion avec l'infidele ou l'hérétique.

C'est vouloir gouverner l'Eglise, dites-vous, que d'en exclure quelqu'un, particulierement du premier ordre. Aucun Laïque ne peut faire de son autorité un schisme dans l'Eglise, qu'il ne devienne schismatique lui-même.

Quoy, Monsieur, vous appellez, vouloir gouverner l'Eglise, d'exclure celui qui est heretique ou schismatique, qui communique avec l'un ou avec l'autre. Pour moy, j'appelle cela, obéir à l'Eglise, executer les ordres, les Decrets & les décisions de l'Eglise, qui l'a déja condamné. Je sçai bien qu'un Laïque ne peut de son chef faire schisme sans être schismatique (car qui fait schisme, se separe.) Mais, comme dit le Sieur du Pin dans son traité de l'excommunication, *bien loin que ce Fidele fasse un schisme, en se separant d'un Evêque heretique ou schismatique, il seroit schismatique lui-même, s'il demeuroit uni & attaché à la communion de cet Evêque.*

Aucun Evêque, dites-vous, n'a parlé contre la conduite du nôtre. Il ne doit parconsequent pas être regardé comme schismatique, ou comme professant une erreur formelle, quoyqu'il communique avec les heretiques.

Vous vous trompez, Monsieur, plusieurs Evêques ont parlé contre sa conduite. Je l'ay déja dit à Rome, dans les Etats voisins & en France même. Et quand même quelques Evêques de France n'auroient pas éclaté contre sa conduite, par une autre toute opposée à la sienne, par paroles ou par écrit? seroit-ce une raison pour approuver celle de ce Prélat. Il suffit qu'il viole notoirement les Decrets & les décisions de l'Eglise pour être condamnable. On convient, qu'il ne

professé point d'erreur formelle. Mais la foi seule, *repl. p. 54.*
dit le Cardinal du Perron aprez Saint Augustin *S. Aug.*
& tous les autres Saints Peres, ne suffit pas pour *Ep. 48.*
être Catolique; il faut encore l'unité de la com- *T. 4 conc.*
munion. Euphemian, & Macedonius Evêques de *p. 1162.*
Constantinople avoient la foi aussi pure que lui, *1200. 1202*
ils furent exilez pour la deffense du Concile de *1415.*
Calcedoine. Ils n'étoient pas même si coupables *1477.*
que nôtre Prélat; car ils ne communiquoient pas
avec les heretiques, comme communique le nôtre. Ils communiquoient seulement avec leurs
communicateurs, & n'avoient d'autre crime que
celui là & de n'avoir point effacé des sacrez dyp-
tiques le nom d'Acace leur prédecesseur ; & ce
fût pour cela uniquement qu'ils furent declarez
schismatiques de toute l'Eglise, qu'ils ne pûrent
jamais obtenir la communion du Saint Siege &
que leurs noms furent effacez, comme celui
d'Acace.

Mais c'est une économie, dites-vous, dont il
use quelque tems, à cause des difficultez qu'il
trouve dans son Diocese & pour ramener les esprits
rebelles.

Ces Evêques de Constant. Dont je viens de
parler, disoient la même chose. Mais cette économie ne pût leur faire éviter le nom de schismatiques, que le Pape Gelase & ses successeurs leur
donnerent. D'ailleurs, est il permis de faire le mal
pour procurer le bien. Si les Peres du Concile
d'Ephése avoient voulû user de cette économie à *T. 3. cons.*
l'égard de Jean d'Antioche & de ses Consors, *p. 759.*
ils auroient évité de grands troubles & de rudes *971.*
persecutions. Ils auroient gagné tout l'Orient,
conservé plusieurs Provinces à l'Eglise, les bonnes
graces de l'Empereur & des Princes. Mais ils aime-

A iij

rent mieux tout risquer & tout perdre, que de prévariquer contre la Loi de Dieu qui defend la communion avec l'heretique ou schismatique notoires.

L'Eglise, dites-vous, est une bonne Mere qui a appris de Jesus Christ son Epoux la douceur; aussi ne fait-elle pas tomber la foudre de l'anathéme sur tous ses Enfans rebelles.

Soûfrez, Monsieur, qu'un Laïque vous instruise la dessus & vous dise. 1°. Que nôtre Dieu exerce à la verité la douceur envers les plus grands Pécheurs qui sont encore dans le sein de son Eglise; mais non pas envers ceux qui se revoltent contre elle. Nous en avons des preuves dans l'Ancien & le Nouveau Testament. Il pardonna aux Enfans de Jacob, à David & à bien d'autres des crimes tres énormes, mais non pas le Schisme de Coré, Dathant & d'Abiron. Il vouloit qu'on assoma à coups de Pierre ces faux Prophetes qui annonçoient le mensonge, sans qu'on eut aucun égard à la proximité du Sang. Jesus-Christ reçût bien avec bonté Madeleine, la Femme adultere, la Samaritaine; mais que n'a t-il pas dit contre les faux Prophetes & certains Pharisiens & Saducéens qui étoient les Heretiques de son tems? Quelles maledictions ne leur a-t-il pas jettées. N'a t-il pas dit de regarder, comme un Payen & un Publicain, celui qui n'écoûte pas l'Eglise? que n'ont pas dit & fait les Apôtres, sur tout Saint Paul & Saint Jean, contre les Heretiques. Il n'y a qu'à lire leurs Epîtres pour se convaincre qu'il faut, de droit Divin, fuir leur communion, aprés une ou deux corrections, les avoir en horreur & leur dire anathéme.

2°. Il est vray que l'Eglise par prudence ne lance pas d'abord la foudre de ses anathémes contre les rebelles, mais en sont-ils moins pour cela anathematisez devant Dieu ? n'est-il pas constant, qu'ils ont encouru *ipso facto*, ces anathemes en consequence du droit Divin & des Anciens Sacrez Canons, avant même que l'Eglise l'ait déclaré par des Actes juridiques. Quoyque le Concile d'Embrun n'ait pas anathematisé personnellement Monsieur l'Evêque de Senez, cet Evêque a-t-il moins encouru l'anathême, inseparable de l'erreur. Calvin, Beze & autres Apostats, ont-ils moins encouru l'anathême, quoyque l'Eglise ne les eut pas anathematisez nommément. Et lorsque les Apostats reviennent à l'Eglise, ne leur leve-t-on pas les censures qu'ils ont encouruës par leurs erreurs ou par leur communion avec les Heretiques. D'ailleurs, quel avantage tire ton de la grande douceur qu'on a pour les Heretiques : aucun. Cette douceur au contraire & cette tolerance font des maux infinis ; c'est ce que l'experience ne nous prouve que trop. Il n'y a qu'à jetter les yeux sur les funestes effets qu'elles ont produit dans tous les siecles où les Heretiques se sont élevez contre l'Eglise.

Remarquez, je vous prie Monsieur, que les Peres d'Embrun se sont separez, *dans le divin*, de l'Evêque de Senez, avant même qu'ils l'eussent suspendu & interdit ? marque évidente, qu'on doit fuir la communion de l'heretique, avant même que l'Eglise l'ait condamné, sur tout quand il est notoire & opiniatre, comme l'est celui-là. C'a été en effet l'usage constant de l'Eglise depuis sa naissance jusqu'à ces malheureux jours.

La communication ou la tolerance d'un Prélat pour quelque tems, dites-vous, *dans la vûë de ramener peu à peu les plus entetez, n'est pas un* pretexte bien valable pour se separer si-tôt de sa communion. Les Apôtres ont bien toléré quelque tems, & communiqué avec les Juifs, qui observoient les ceremonies legales pour les gagner à Jesus Christ & ne les ont abrogées, que quand ils ont vû que cela nuisoit à la conversion des Gentils.

J'ay déja repondu à une partie de cette objection. Mais je repete ce que j'ay dit : *non sunt facienda mala, ut eveniant bona.* La communion avec l'Heretique est un mal : mal deffendu par le droit naturel, & sur tout par le divin dans plusieurs endroits de la Sainte Ecriture : elle ne peut donc être permise pour quelque bien qui en puisse resulter. Mais cette communion n'est que pour quelque tems, dites vous. Je conviens que le fidele peut encore communiquer avec celui qui enseigne l'erreur, ou tombe dans le schisme à la naissance de l'une ou de l'autre ; mais à condition que ces faux Docteurs ne soient, ni notoires, ni opiniatres, ni condamnez par l'Eglise, & qu'enfin il ny ait point de scandale. Car si-tôt qu'ils sont notoires & opiniatres, ou condamnez par l'Eglise, qu'il y a du scandale à communiquer avec eux, & qu'ils ont resté quelques mois fermes dans leurs erreurs; alors le droit naturel & divin nous oblige de nous en separer.

Or ces Oposans & Apellans, avec lesquels nôtre Evêque communique *in divinis*, sont notoires & opiniatres depuis 15. à 16. ans. Ils sont condamnez plusieurs fois par l'Eglise, le Saint Siege & l'Eglise de Rome les en ont declarez separez. Ils n'ont donné ni ne donnent aucune esperance de conversion, ils n'oublient rien pour pervertir les fideles, & font trophée de leur resistance. On

les laiſſe tromper & on les ſcandaliſe eux-mêmes
par cette communion ; car on leur donne lieu de
croire, qu'on tolere leurs erreurs & qu'on les croit
Catoliques, puiſqu'on les admet aux fonctions des
ſacrez miſteres & qu'on leur laiſſe la conduite des
ames au préjudice du droit naturel & divin, qui
deffend non-ſeulement d'abandonner les Brebis à
la fureur de ces Loups, mais encore de communiquer avec eux : droit divin & naturel de l'obſervation du quel aucune puiſſance ne peut abſolument diſpenſer.

Sur ce que vous dites, que *les Apôtres ont
bien toleré & communiqué* avec les Juifs ; je m'é-
tonne, Monſieur, qu'eſtimant autant que vous le
faites les ouvrages de Monſieur l'Evêque de Soiſſons, vous n'ayez pas remarqué dans ſa lettre à
Monſieur d'Auxerre, qu'il diviſe les ceremonies *Art.* 17.
legales des Juifs, en loix mortes, & en loix mortiferes ; & il ajoûte qu'elles n'étoient point intrinſequemment mauvaiſes, puiſqu'elles étoient don-
nées directement de Dieu même. Mais l'hereſie eſt
intrinſequemment mauvaiſe, & parconſequent la
communion avec elle, ou avec ſes Auteurs, leurs
ſucceſſeurs ou leurs fauteurs eſt intrinſequemment
mauvaiſe & damnable.

Les Loix legales des Juifs furent reconnuës
mortes & inutiles aprez l'Aſcenſion de Jeſus-Chriſt
diſent les uns : ou aprez la Pentecôte, diſent les
autres. Mais elles n'étoient pas encore mortiferes ;
c'eſt à-dire, qu'on n'étoit pas obligé de s'en abſte-
nir, ni coupable auſſi de les obſerver ; parcequ'elles n'avoient rien de criminel en elles mêmes. De
la vient que les Apôtres les obſervoient encore,
pour attirer les Juifs, ſuivant la permiſſion qu'ils
en avoient de Jeſus Chriſt. Mais ces Loix devins

ſent enſuite *mortelles* ou *mortiferes* (ſuivant les termes de l'école ,) quand elles nuiſirent à la converſion des Gentils, & que les Juifs crûrent que leur obſervation étoit abſolument neceſſaire. Et c'eſt pour cela que les Apôtres défendirent de les obſerver ſous quelque pretexte que ce fût.

Il n'en eſt pas de même de l'hereſie. Elle eſt intrinſequemment mauvaiſe & damnable ; & jamais on ne peut communiquer avec ceux qui la profeſſent publiquement & avec opiniatreté. Liſez & reliſez cette lettre de Monſieur de Soiſſons , & vous y trouverez cette diſtinction. Vous la trouverez auſſi dans tous les Autheurs qui traitent cette matiere. Le ſçavant Pere Carriere , grand penitencier & Prédicateur du Roy en l'an 1657. aprez avoir dit dans ſon *digeſtum fidei Catholica* , ouvrage ſi univerſellement aprouvé : qu'il eſt permis dans l'extrême neceſſité de recevoir le Baptême d'un Gentil même, dit enſuite qu'il n'eſt point abſolument permis , ſuivant le ſentiment des Peres & de Saint Auguſtin ſur tout , de recevoir les autres Sacremens , & nommément la Sainte Euchariſtie , des mains d'un heretique ; parceque ce ſeroit profeſſer l'hereſie ou le ſchiſme qui ſont intrinſequemment damnables : *quòd eſſet hereſim aut ſchiſma profiteri.* Le Cardinal du Perron, le Cardinal de Richelieu , Monſieur Boſſuet & tous nos Auteurs François les plus fameux diſent de même : que la communion avec l'heretique eſt de ſoy & de ſa propre nature criminelle & mortelle, & une profeſſion tacite de l'hereſie. Vous ajoûtez, Monſieur, *que le droit naturel n'a pas lieu du côté du Prélat qui ne doit point craindre le danger d'être perverti : qu'il y a des degrez de communion plus crians les uns que les autres.*

de hareſ p. 1159. infine. Repl. Method. variat.

Nôtre Prélat est-il plus invulnerable, plus sça-
vant, plus ferme & plus éclairé que le grand Osius,
qui avoit presidé à tant de Conciles, & cependant
il se pervertit, pour avoir communiqué avec les
heretiques. Jean d'Antioche & tant d'autres
grands hommes ne se sont ils pas pervertis de
même. J'en connois moy-même plusieurs dans
cette grande Ville, qui ont perdu la foi en communiquant avec les heretiques de nos jours :
*quand on est ami d'un fou, dit le sage, on de-
vient fou comme lui.*   *prou. 13.*

Mais enfin je supose, qu'il ne soit point en
danger de se pervertir lui-même en communiquant
avec les heretiques ? Ne donne-t-il pas par là du
scandale aux veritables fideles, en leur fournissant
un pretexte de communiquer avec eux, & parconsequent de se pervertir. Nôtre Evêque, di-
ront-ils, communique avec les oposans, Apellans
& réappellans ? Pourquoy ne le ferions nous pas.
Car s'il les croyoit heretiques, il ne le feroit pas.
Il nous donne lieu de croire qu'ils sont réellement
Catoliques & qu'on ne regarde point leurs opi-
nions comme de veritables erreurs. Si on les
croyoit heretiques, on ne les soufriroit pas dans
l'Eglise, ni on ne leur donneroit pas la permission
de Prêcher & de Confesser.

Vous voyez donc, Monsieur, combien de maux
se font par la prevarication d'un seul Evêque, qui
admet à sa communion les heretiques. D'ailleurs,
pourquoy voulez vous permettre à ce Prélat de
communiquer avec les Heretiques, puisque l'Eglise
ne peut pas le permettre : que les Souverains
Pontifes ne peuvent avoir ce privilege ? Ne sça-
vez vous pas, que le Pape Libere, quoyqu'il eut
gardé la pureté de la foi, fût anathematisé par

Saint Damase, Saint Hilaire, par tout le Clergé de Rome & par toute l'Eglise, pour avoir communiqué, par foiblesse ou par contrainte, avec les Ariens, & enfin deposé du souverain Pontificat ? Nôtre Prélat auroit il plus de Privilege que ce Pape. Vous n'ignorés pas que l'Eglise en condamnant l'heresie ou l'Heretique, a toûjours condamné par le même Jugement, son communicateur aux mêmes censures & mêmes anathemes, comme dit le Pape Gelase ? Pourquoy voudriez vous, que le communicateur du Janseniste ou Queneliste eût plus de Privilege ? n'est il pas également coupable, que le communicateur de l'Arien ou du Manichéen, avec lequel, comme dit Saint Augustin, il n'est pas permis de prier, ni de s'assembler, sans faire profession de sa Religion : *ut cum illis non oret, non conventicula celebret, non Manichæi nomen accipiat. lib. de vera religione. cap. 5. & lib. contra Epistol. fundam. cap. 3.*

J'avoüe qu'il y a des degrez de communion plus crians les uns que les autres. Mais, indivinis, ils sont tous criminels. D'ailleurs, quoy de plus criant, que de celebrer avec eux, leur donner les Sacremens, le baiser de paix que l'Apôtre Saint Jean defend, les pouvoirs de Prêcher, de Confesser & administrer les autres Sacremens. Que peut-on voir de plus contraire à l'Esprit de l'Eglise, qui n'a de pouvoir, *que pour édifier & non pas pour détruire* son Corps Mistique, sa creance & son unité.

On ne sçait au vray, dites-vous, *quels sont les motifs qui le font agir. On en doit bien penser, & croire qu'il n'en a que de bons, puisque le Saint Siege ne lui a pas fait un crime de sa tolerance & de sa communion avec les Heretiques :*

que si le Pape étoit encore en vie, sachant sa conduite, il ne feroit point de scrupule de communiquer avec lui; & qu'enfin il ne faut point affecter d'être plus sage qu'il ne faut, autrement il faudroit se separer de la communion du Pape & faire une troisiéme Eglise.

Nous ne voulons pas, Monsieur peneter les motifs qui font agir nôtre Prélat par sa communion avec les Heretiques notoires : nous voulons croire même, qu'il a de bonnes intentions. Mais nous ne pouvons nous dispenser de blâmer cette communion, parce qu'elle est criminelle en elle même. L'Empereur Heraclius en donnant son *Echtese* avoit de bonnes intentions, dit le Con- T. 6. conc. cile Romain, cependant elle fut condamnée com- P. 358. me *impie* par ce même Concile. Charles-Quint pouvoit avoir de bonnes intentions par son *interim*, l'Eglise cependant se récria hautement contre cet *interim*.

On peut donc avoir de bonnes intentions & ne pas agir selon la science de Dieu. Quoy, sous pretexte de convertir les Calvinistes ou Lutheriens, sera-t-il permis de communiquer avec eux en matiere de Religion ? Quel principe ridicule. Si donc nous excusons par grace l'intention, nous ne pouvons absolument excuser l'action. Dieu & l'Eglise ont deffendu la communion des Heretiques sous peine d'Anatheme & l'ont defenduë à tous les Fideles sans exception, aux Evêques, Archevêques, Cardinaux & au Pape même ; pourquoy Nôtre Prélat auroit il la permission de communiquer avec eux, & comment peut-il ignorer cette deffense. Si le Saint Siege ne lui a pas fait un crime de sa tolerance & de la communion avec les Apellans, c'est parce qu'il les a ignorées ; au-

trement il auroit eu deux poids & deux mesures,
ce qui est abominable devant Dieu, dit le Saint
Esprit : un poids & une mesure pour tous les
Fideles universellement, Evêques, Archevêques &
Cardinaux par lesquels il leur deffend cette communion ; & un autre poids & une autre mesure
particuliers pour Monsieur Nôtre Prélat, auquel
il la permet & en qui seul il l'aprouve ? est-il
permis, Monsieur, de penser ainsi du Saint Siege.

Le Pape Clement XI. à deffendu cette communion par ses Lettres Apostoliques, *Pastoralis
Officii*. Le Pape Innocent XIII. Par ses Brefs au
Roy & à Monsieur le Regent. Le Pape Benoit
XIII. Par ses Brefs à Monsieur l'Achevêque de
Tours & à plusieurs autres Prélats, mais sur tout
par ses Declarations au sujet du Jubilé, l'une du
14. Juillet 1724. & l'autre du 8. Mars 1729. ad-
dressées à tous les Fideles de quelque condition
qu'ils soient, & quelque rang ou dignité qu'ils
ayent.

Aprez cela vous voulez insinuer, Monsieur,
que le Pape permet à Nôtre Prélat & aprouve
cette communion ; c'est faire une injure atroce
à ce grand Pontife. Si donc il n'a dit mot à cette
communion heretique, c'est parce qu'il l'a igno-
rée ; & s'il l'avoit sans doute fait ce que firent les
Papes Simplicius & Felix au sujet d'Acace Evêque de Constantinople. Cet Evêque communi-
quoit avec les Heretiques, mais à l'insçu de ces
deux Papes, qui, tandis qu'ils l'ignorerent, lui
laisserent leur communion. Mais Simplicius étant
mort, & Felix ayant été mis à sa place, il s'infor-
ma à fond de la conduite d'Acace, & ayant decou-
vert sa communion avec les Heretiques, il lui

ôta la sienne, le condamna & declara que c'étoit T.4.Conc. p. 1083. 1124. 1185.1160 1199.1200 en consequence & en execution des Decrets du Saint Concile de Calcedoine, qui en condamnant l'erreur ou l'heretique, condamne par le même Jugement aux mêmes peines tous les communi-cateurs des Heretiques. Si donc Benoit XIII. n'a pas retiré sa communion des communicateurs, c'est par ce qu'il ne les a pas connus tels, ni nô-tre Prélat parconsequent.

Est-ce être sage plus qu'il ne faut, que de se conformer aux décisions de l'Eglise ; décisions si souvent multipliées ; de suivre les Decrets des Papes, d'observer leurs Brefs & leurs Bulles ? ou est elle cette sagesse outrée. L'excez ne peut cer-tainement se trouver dans un cas aussi important ? est-ce se separer de la communion du Pape, que de demeurer inviolablement attaché à ses Decrets Apostoliques ? est-ce là faire une troisiéme Eglise. En un mot c'est un article de Foi, que l'Eglise Ibid. 1155 1183. Romaine est une dans sa communion aussi bien que dans sa foi : quiconque romp cette unité est schismatique, & quiconque enseigne dogmatique-ment qu'elle n'est pas une dans sa communion est Heretique.

Au reste je suis surpris, Monsieur, que vous nous blamiez, nous qui sommes Laïques, de soû-tenir la Religion de nos Peres ? ne sommes nous pas Catoliques Romains aussi bien que les Evêques & les Prêtres ? ne devons nous pas nous attacher aux Decrets & décisions de nôtre Mere la Sainte Eglise de Rome & les deffendre au péril de nôtre vie. L'Eglise de France n'est-elle pas redevable, dit Monsieur de Soissons, aux Peuples & aux Laï- Let. à M. d'Anx. ques, de la conservation de la Foi dans beaucoup

de Dioceses ? auriez vous osé dire à ces Laïques
si vous aviez été de ce tems là, ce que vous nous
dites : *dequoy vous melez-vous*. Nous ne voulons
pas sçavoir plus qu'il ne faut ; mais aussi nous devons sçavoir & soûtenir qu'il ny a qu'une seule
Eglise. Je le repete : une dans sa foi & dans sa
communion, hors laquelle il ny a point de salut.
C'est un article de nôtre Foi contenu dans le
Simbole.

J'aurois bien d'autres raisons à vous donner,
Monsieur, pour justifier nôtre separation d'avec
nôtre Prélat. Mais je crains de passer les bornes
d'une simple reponse. Je la finis par ces deux-icy
auxquelles je vous prie de donner toute vôtre attention, car elles sont sans replique.

1°. L'unité de la communion est un dogme
Catolique reçû de tous les Fideles depuis la
naissance de l'Eglise jusqu'à present : Mais un
dogme que tous les Saints Peres ont soûtenu avec
tant de chaleur & jusqu'à l'effusion de leur Sang.
Ils ont enseigné dogmatiquement, dit Monsieur
Nicole dans son traité de l'unité, *que l Eglise est
une societé dont tous les membres sont unis de communion, & dont les Heretiques & Schismatiques sont absolument exclus.... Que c'est la doctrine de toutes les Eglises d'Occident & d'Orient...
Dogme qui dans tous les siecles & dans tous les
tems a été regardé comme une verité fondamentale de la Religion Chrêtienne, qui a été le plus
universellement reconnu... Le plus frequemment
annoncé... Le moins contesté, & sur lequel il y
ait eu moins de dispute parmi ceux qui professent
la Religion de Jesus-Christ*. dogme encore un
coup pour le soûtien du quel un nombre infini de
Fide-

T. 1. Conc. p. 661. T. 4. p. 1256.

p. 104. 121. 123. &c.

Fideles de tout âge, de tout sexe & de toute condition ont repandu leur Sang & merité ; comme
dit le Saint Concile de Sardique la glorieuse Cou-
ronne du Martire : *quorum ambigi non potest Mar-*
tyrio gloriosam mortem extitisse. Les Heretiques
ou leurs communicateurs avoient beau les menacer
de l'exil, de la Prison, employer le fer & le feu
& autres suplices cruels, pour obliger ces Fideles
de communiquer avec eux : ils avoient beau faire
foüeter publiquement les Vierges & les Femmes
de la premiere qualité, les Prêtres & les Evêques;
rien de tout cela n'étoit capable d'ébranler leur
courage : *nulla vi militum,* dit ce Concile, *nul-*
lis que tormentis ad ejus communionem compelli
potuerunt... Nec ullius causa criminis , nisi
quod repugnarent & clamarent quod execraren-
tur Arianam hæresim & nollent habere cum tali-
bus communionem.

T. 2. Conc.
P. 678.

La même persecution arriva à Constantinople
aux deffenseurs de ce sacré dogme, lorsque Macedonius en étoit Evêque. Cet Heresiarque irrité jusqu'à la rage, de ce que plusieurs Prêtres, Moi-
nes , Laïques , Femmes & Filles ne vouloient
point communiquer avec luy il ne se contenta pas
d'en faire éxiler plusieurs ou les faire emprisonner;
il en fit mourir un grand nombre par des tourmens inoüis , jusques à faire couper le sein aux
Femmes & aux Filles & le faire brûler par des
fers tout ardens de feu : *in auditis tormentorum*
generibus cruciatos occidit, dit le martirologe :
nam inter cætera , fidelium mulierum ubera inter
labra arearum compressa dissecuit , & candenti
ferro combussit. Cet impie , ce cruel Evêque se
mettoit peu en peine , que ces Fideles eussent

martirol.
3. Mars.

d'autres sentimens que les siens en matiere de Religion. Mais il vouloit absolument qu'ils communicassent avec lui; & pour cela il inventa ces tourmens inoüis, qui ne servirent qu'à confirmer le dogme de la communion Catolique : *Catholicæ communionis*. Car il fût renouvellé dans tous les Saints Conciles suivants, sur tout dans ceux d'Ephese, de Calcedoine, second de Nicée, &c. Dans tous ces Conciles les communicateurs furent Anathematisez. C'est donc un dogme, que l'Eglise est une dans sa communion. Nôtre Prélat ne reconnoit point ce dogme, ou s'il le reconnoit, il le viole en communiquant avec l'Heretique ; donc il est tombé dans le schisme en rompant cette unité sacrée & fondamentale.

2°. L'Apôtre Saint Paul, anathematise par deux fois quiconque tient & annonce un Evangile different de celui que nous avons appris, & nous ordonne même de l'anathematiser. Car ce n'est pas un pur fait de cet Apôtre ; c'est un precepte formel qu'il nous signifie de la part de Jesus-Christ qui le lui a revelé & que l'Eglise a reconnu comme tel. Nôtre Prélat bien loin de dire anatheme à ceux qui nous annoncent un Evangile different, il s'unit à eux de communion : il leur donne ses pouvoir, leur administre les Sacremens & leur fait celebrer les Saints Misteres : donc il viole ce precepte Divin.

Cela posé comme incontestable ? où est nôtre crime, Monsieur, de nous separer de lui, puisque par sa communion avec l'heretique, il romp évidemment l'unité & divise la Robe de Jesus-Christ puisque le Saint Pape Gelase declare que la communion m'ediate est criminelle comme l'imediate ;

& que le grand Saint Gregoire defend de communiquer avec les communicateurs de Maxime
Evêque de Solane. En voila affez pour vous convaincre de nos bonnes intentions & de la folidité
de nôtre caufe. Ayant un auffi bon efprit que
vous l'avés ; je fuis perfuadé que lorfque vous
aurez bien reflechi fur nos raifons & nos preuves, & lû attentivement ma réponfe, vous nous
rendrez juftice. J'ay l'honneur d'être parfaitement,

MONSIEUR,

a Paris
ce 20. Mars 1730.

Vôtre trés - humble &
trés-obéïffant Serviteur.